Trabalis
San Juan

Detox

venenos y remedios

© de los poemas, Mónica C. Lladó Ortega, 2018

febrero, 2018

© Trabalis Editores
459 Sagrado Corazón
Suite 801
San Juan, PR 00915

trabalis.editores@gmail.com

ISBN: 978-1-942989-47-9

Editora de la colección:
        Mayda Colón

Diagramación, estilo y portada:
        Mayda Colón y Zayra Taranto

DETOX

venenos y remedios

Mónica Lladó Ortega

A mis amores...

¡Ah los estragos de la poesía cortándote las venas con el filo del alba, y esos labios exangües sorbiendo los venenos en la inanidad de la palabra!

OLGA OROZCO

Sí, pero quién nos curará del fuego sordo[...]del fuego sin imgen que lame las piedras y acecha en los vanos de las puertas, cómo haremos para lavarnos de su quemadura dulce que prosigue, que se aposenta para durar aliada al tiempo y al recuerdo, a las sustancias pegajosas que nos retienen de este lado, y que nos arderá dulcemente hasta calcinarnos.

JULIO CORTÁZAR, RAYUELA

Detox

Ya las gentes murmuran que yo soy tu enemiga

Julia de Burgos

Las malas lenguas
con envidia,
se lamen los ojos
de bendiciones falsas,
de puñales.
Las miradas esquivas,
las piernas presurosas,
rehúyen la luz
incapaces de asumir
sus discursos.
Se hunden mutuamente
en acusaciones que implican a ausentes.

Lenguas multiplicadas serpentean,
musitan inaudibles maldiciones inviables.
Susurros y lenguas se entrelazan
tragándose unas a otras.
Mienten, mueren, desaparecen.
Desaparecen, mueren, mienten.

Transito ese espacio inevitable y lleno.
Aunque me tape oídos y ojos,
me invaden los ecos de susurros.
Rápidamente me cubro con lapas babosas
que me sustraen el veneno de la piel
antes que penetre como una
transfusión de pensamientos truncos.

Se desdibuja la imagen
trazada serpentina en mí
por los ojos de otros,
y con los pies descalzos me adentro
en el río pisando suave
donde el agua en su inusual quietud
me refleja intacta
como siempre he entendido ser.
De lo dulce,
brota un suspiro reconocedor
que desde adentro me abraza.

Claroscuro I

Para Alina

empiezo a darme luz en las esquinas
y se paraliza el polen de los muertos
en lo que de mí está sellado.

FRANCISCO MATOS PAOLI

El gris se apodera
como ardor punzante que adormece otra dolencia
que se esclarece en las pupilas
desde milenios de distancias rotas.
Escarchas de la edad de hielo amenazan con regresarme,
ese pasado inconcluso sabe a otras.
Me yergo desde el lodazal,
absolutamente decidida a florecer
sin fotosíntesis, sin sol, sin luna
sin astros.
Florezco desde lo oscuro
en el rincón que nunca conoció caricias luminosas.
Me abrazo al negro de mi sombra
buscándome en su silueta.
Aquí no hay niebla ni exhalación visible.
No hay solidez de universo corporificado.
Una apertura diminuta asoma,
multiplicada en esferas condensadas,
cosquillas líquidas,
crisálida herida,
palpitación indefinible que hilvana
puentes y desteje telarañas.

Claroscuro II

No es tan válido el útil que me ofreces
a cambio del suicidio de los astros.
FRANCISCO MATOS PAOLI

Desde tu laberinto de piedras
osaste nombrarme
como una invitación a profanar tus muros.

Yo ignoraba lo que había bajo tu sombra.
Yo te busqué desde siempre en mis recuerdos.
Curiosa de tus porqués
desafiante de tus abismos
ávida por tus manantiales
mental en tus teoremas.
Infinita en la cicatriz
hacia el hoyo negro
que te guarda
con su fuerza atrayente.

Repetidas veces me lancé
y como si fuera el más vil de los venenos
escupiste mi claridad
todas las veces
titiritero
tirijala de hilos invisibles
en que me enredaste
a un vaivén de tu voz
al compás nombrándome
desde la sombra.

Como si desde la ausencia
pudieras anochecerme completa.

Clarosucro III

Un torbellino interno
revuelca todo lo que soy y lo confunde,
le borra ojos
le quita rastros a mí.
Quedo en la nada flotando
sin anclas, timones o brújulas.
Me dejo llegar al fondo,
huyo de mi propia luz,
intento apagar de un soplo la llama,
quitarme los labios y quedarme muda
sin posibilidad para el grito.
La razón se me escapa.
Lo que es no se define.
No quiero pensar que
es cierto lo que sospecho.
Se me ha borrado la huella.
He olvidado,
he olvidado.
y solo queda un rastro intangible,
irreconocible,
que no encuentra palabra.

QUITARTE

No me resbalan
esas miradas que lanzaste
ni tus palabras y gestos.

Me arropan,
se quedan, hieren
como lapas se adhieren a mi centro
tanto que tengo que quemarme
hasta desintegrarlas,
lijarme para desaparecerlas,
y librarme después del tic-toc, tic-toc, tic-toc
de las horas que sobrevivo
sin poder sentirme,
sin sentirte en mí escurriéndote
entre cada poro
hasta dejarme
con los ojos secos.

Debo quitarme
este traje de sonidos
tengo, debo, lo hago.
Desato estas manos sin dedos
que ciñen mi cintura a tus labios.
Me peino el cabello,
me quito, me quito, te quito...

SOLTAR

Reconocerme en lo oscuro,
abrazar y soltar,
abandonar el estertor del tránsito.
Besar cada herida,
cicatriz o quemadura,
y no desear un pasado otro.
Valorar hasta el mínimo error,
dejar de mudar la piel
a golpes
por no sentirla mía...

Soy

Aunque sea a tu pesar
sé que existo,
respiramos el mismo aire,
transitamos los mismos pasillos,
día tras día.
Y aunque me ignores,
te saludo,
te reconozco,
te hago sentir
mi existencia.
Pese a todos tus intentos
de borrarme
con indiferencia,
con palabras falsas
con tu pupila ingrata
clavada más allá
de mi nombre...

Soy,
indomable,
inquebrantable,
de raíz profunda...
Soy.

HIPOCONDRÍA

Muero todos los días
a la misma hora
casi siempre de noche.
Mis ojos desvelados
dibujan historias de terror
con las sombras en la pared.

Manía
de diagnosticarme
males incurables.

Imaginar
malignidades en el cuerpo.
Sangre repleta de huéspedes
ajenos, milenarios,
creados en laboratorios,
causados por las ondas
electromagnéticas del WIFI,
de la torre de telecomunicaciones
en el monte cercano.
Por antenas en el techo del edificio vecino.
Por el exceso de facebook y twitter
en el aparato móvil.

Así muero a diario...

y cuando sale el sol
prendo el WIFI, la computadora, el celular...

para abrirme de nuevo al mundo,
e inundarme de sus historias,
aunque sean de horror.

Silencios

No es posible olvidar el odio sembrado en la tierra reseca.
Desde tiempo inmemorial se lucha aquí
en nombre de otros,
de los que se fueron,
de los que llegaron,
de los que desaparecieron,
de los que nunca han conocido el azul
de este cielo tan cielo como el de cualquier esquina.
Desde lejos es fácil narrar historias de horror.
Más, ¿quién narrará las historias
de amores perdidos entre fronteras,
entre muros caídos
después de siglos?
Amores heridos por alambres de púa
ocultos en la memoria de generaciones,
por reclamos de tierra, de herencias,
de deudas de sangre milenarias.

¿Quién narrará las verdades cotidianas,
la humanidad compartida,
el sosiego del abrazo de un hijo,
la mano tendida del que pide
o el que ofrece ayuda,
el vaso de agua, el pan,
el reflejo de tus ojos en mis ojos?

Queremos silencio, pero no de muerte violenta
despedazada entre derrumbes.

No el silencio del que calla ante lo injusto,
sino el silencio de sonrisas de esperanza
en la quietud de amaneceres sin cañones,
sin pólvora, sin humo, sin hedor
a sangre y a lágrimas secas.

Hagamos silencio en memoria de los que perdimos
en todas las guerras de todos los siglos...
en todas las historias.
Hagamos silencio,
para sanar de una vez y por todas
esas venas abiertas que no cicatrizan.

Espeso de anhelos

Para Oscar

Hoy te imaginé escapando de los muros
galopando en tu ideal desde el mismo azul.
Sé que este viento frío llega desde tus latitudes
y por eso lo percibo tan espeso.

Tu imagen se halla hasta en los rincones inesperados.
Te pienso libre
aunque estés lejos entre muros.
Te siento cercano de orillas.
Suspiros, anhelos regresados, multiplicados en cada voz
que reclama, que piensa y dibuja en su conciencia
y reconoce tu regreso necesario.
Treinta y tres
es demasiado.
Treinta y tres,
espejismo de un número que escala.

Hoy, el cielo está espeso de anhelos.
Se espesa con las voces de los que queremos,
con las luchas compartidas dibujar un futuro
desde el anhelo que se concreta a lo lejos desde ti.
Desde aquí concretamos el puente,
confiados que lo andarás en tu regreso hacia el nosotros.

CANDELA

La voluntad distorsionada
de los pocos
desmantela lo que pertenece
a los muchos.
Deja solo
los vestigios
de la primera persona
del plural.
Todo ahora en singular
se va restando
a la suma
de precariedades
que amontonan
un colectivo
que se encandila
con cada cálculo
a ciegas
de esos pocos.
Esos
que inclinan
las balanzas
al precipicio
de los dígitos en rojo.
Rojo
y no de sangre
que da vida.
Rojo
y no el de ideologías

multitudinarias.
Rojo
de menos cero.

Menos pan
para los viejos.
Menos escolaridad
para los hijos.
Menos todo
para el futuro.
Incluso menos
para la muerte.

Menos mal
que abunda el oxígeno
aunque esté
contaminado
con arenas
de otros continentes,
con cenizas tóxicas,
con humos petroquímicos,
para darte luz,
por ahora.
Hasta que solo haya
un fósforo por vela
para encender lo
poco que quede,
o para darle
a esos que nos quitan
candela.

FUTURO

Para José Daniel

Te conozco desde siempre,
desde lejos.
SILVIO RODRÍGUEZ

Acaricias dulcemente mi universo entero.
Eres bálsamo de tormentosas aguas pasadas.
Tu presencia inunda mis profundidades,
hechiza el verbo,
y toda enunciación posible,
hacia una justa perspectiva
de esperanza.

Verme circundada allí en
en tus esferas líquidas,
dejarme abrazar y abrasar simultáneamente.
Me lanzo gustosa a tu sendero
vez tras vez
para hallar en ti
la afirmación de lo futuro.

Luna azul

Para Irene Sofía

Invoqué al azul milenario.
Esperé por ti lunas y lunas.
Sabía que vendrías, siempre lo supe.
No era exactamente impaciencia,
era miedo, ese oscuro hermano que convive en los espejos.

Volví a nombrarte en la orilla,
escribí tu nombre en la arena.
El azul lo besó y fue a buscarte.

Mi cuerpo se abrió recibiendo toda la luz,
reconociéndote.
El sabor a mar
pobló mi lengua y mi voz.
Mi vientre se volvió luna llena y tú nadabas
trazando tus caricias en mí.
Yo, desde mis dedos las repetía
como un código secreto de amor.

El tiempo cruzó
hacia otro comienzo.
Aspiré el aire luminoso.
Mecí mi cuerpo en tu vaivén azul.
Poco a poco
asomabas tu rostro creciente,
tu cuerpo se hizo presente desde mi cuerpo.
En tu llegada a la luz
del otro lado,

te nutriste en el abrazo nuevo.
El azul desbordado,
inundó nuestras miradas.

Llovizna

Para Joaquín Darío

Besé el rocío del éter.
Una gota pobló
mi vientre.
Sembró
lo inefable,
lo eterno...
Al nacer
fue cosecha de risas.
Cadencias
alegres,
augurios
melódicos,
de felices días.

PEDESTAL

Cada vez que estoy contigo
    me subes a ese pedestal.
        La admiración me ha hecho padecer de alturas.
      Hago acto de achicarme,
          andar tras bastidores,
            serte humilde
               para no defraudar tus ritos.
                  Renuncio a la cotidianidad
                    para que no te lleves
                      tu presencia
                        con todo
                          y pedestal...

Nombrarte

tu ausencia es un abismo de esperanzas que desangran
ÁNGEL ANTONIO RUIZ LABOY

Espigas en flor
carcomen y hieren mi recuerdo.
De la boca caen
sílabas inconexas
de lo que fue tu nombre
en mi voz.

Irme

Te pienso y quiero irme.
Enroscarme en murmullos
profundos del manglar.
Pensarme sin sal y sin aliento.
Quiero extenderme,
esparcirme
por todos los senderos claroscuros
que dibuja tu latir en la palma de mi mano.

Trazo con líneas curvas el destino
crisálida en la arena de tu piel,
como augurio de transformaciones venideras.

Te pienso y quiero irme...
Devengo en deseo materializado
para amanecerte en mí.

Atada al flujo tuyo
puedo irme...

El tiempo I

La edad,
reflejo del tiempo en la materia,
substancia visible.
Quiero irme y quedo.
Me quedo así,
deseosa de inciertos,
saturada de certezas,
de intervalos exactamente iguales
que dispersan lo mismo que ayer...

Más allá se dilata el tic-toc arrollador
que aplasta con sus círculos gigantes, chiquitos, ínfimos...

Bajo esa carga me voy
sin querer
y olvido la pesadez del momento

Me pienso como quiero
Yéndome...

El tiempo II

¡No existe el tiempo!
Le grité directo a sus brillantes números.
Desaté el circuito y se apagó su luz.

Su residuo quedó latente,
luminoso,
en mi pensar.
Me aferré a las sombras,
a nuevos contornos
que se manifestaban cúbicos,
deseosos de circundar la nada.

Cerré los ojos,
borré los mapas
y entregué
mi latir oscurecido,
hasta sentir en mí el fin del tiempo
y dormir...

PIES

Desde mis pies descalzos
al pie de la cama
me invade el recuerdo de los
pies de mi abuela,
arrugados y encorvados,
amarillos de tanto andar.

Imaginé los míos
envejecidos y postrados.
Me vi tejer recuerdos
y olvidar presentes
como Penélope,
postergada y postergando...
Mis hijos ya adultos
mirándome,
en sus sonrisas
hallé el rastro reconocedor
para entrar en el ahora...

Y siento un golpe de agua
en los ojos.
Soy amada y plena
desde mis pies
regreso al presente.

Transitar

Provocas adrede
que pierdas el camino de regreso
que no encuentres tu origen
que comiences a pertenecer a otras partes
sentir casa en muchos sitios.
De repente, no reconocerte en las líneas rectas
en los cristales de las puertas
ni recordar tu propio nombre cuando cruces
los umbrales lejanos
por sentirte vivo o multiplicado
sin saber dónde comienzas o terminas.

No temes esa movilidad,
ese azar del vértigo.

Resistes esa dinámica
entre suelo y pie
donde detenerse
implica dejar huellas...

¿DESPEDIDA?

Olvídame ahora que no me conoces
niega mis ojos lejanos a todo lo que pueda ser tuyo
silencia el suspiro que aún no ha nacido en tus labios
despídeme ahora que no sabes nombrarme
desaparéceme en las arrugas innatas de quien vive un sueño
aléjate abrupto como marea baja que abandona la orilla
evapora toda lágrima para dejar en seco esto que no ocurrirá
y esfúmate ahora para no alcanzarte en la fuga,
para agotar todo rastro de búsqueda, de encuentros oníricos
borrarte como ola que besa en la arena un escrito ajeno
y así convénceme del presagio inminente de no hallarte...

Cielo

Futuro es palabra imposible.
A veces hago planes en plural,
luego, deshago
en lo singular del regreso.

¿Cómo hago
para ser río y pasar
como pasas
tú por mí?
¿Cómo fluir en ti
sin cauces,
y evitar los impulsos de reposar,
en qué charcas,
en qué lugares en calma?
¿Cómo seguirte rumbo al mar
sin detenerme?
¿Será posible
abrir aún más
lo que ya era cielo?

NAUFRAGIO

Te dibujo un mapa de caricias
que borras como rayo de estrella en luna llena.

Lucho con remolinos que me arrastran a fondo.

Nudos del viento se enredan
en las trenzas de las algas,
pero sigo a nado.

Las nubes se vuelcan,
desdibujan tus límites,
te fusionan con la borrosa arena piedra.

Esparcidos por el oleaje tempestuoso,
vamos a otro lugar que es el mismo.

Menguante que revienta de luz negra.

Corriente de neblina que nos agota.

Obvious indifference

Para Astrid

En mi jardín,
tú, un arrebato simultáneo de placer y dolor,
bestiario de una nube cabalgante
que arropa con su neblina,
suaviza y desvanece.

Un suspiro de estrellas me invita al baile
irreconocible en tu ternura.
Me libero desde el rojo fluir de esa tu música
que a borbotones escarlatas inunda
el jardín.
No, no son mis flores ni tus flores.
No, no son rojas de vida,
sino amarillas,
crueles despidos desde tu aliento.

Obviousness opposes obliviousness.
The obvious is always present.
But, with oblivion comes erasure.
Oh, how I desire
oblivious indifference.
The obvious needs not be said,
but to have oblivion come and remove the colors,
make it all sepia
or better yet, greyish tones
that disappear slowly
into their own monochromatic nothingness.
But no, there it is again, in full color

this image from my dreams.
Recurring as an endless film behind my eyelids.
There you are as always.
But no, it is not you.
Your eyes never see me,
your gaze does not come close...
it's trapped inside itself as if in a mirror,
as I approach it
my image is not reflected back...
there is no space left
a black hole,
deep, faraway, unattainable...
all I hear is music,
a silenced song,
continuous but so vague,
its almost imperceptible,
then, the blood in my veins
with its rhythmic flow
obliterates
your indifference...

Ante todos los horrores de un siglo
prefiero quedarme abierta,
pero erguida...

Amor

Me atormenta tu amor que no me sirve de puente
porque un puente no se sostiene de un solo lado
JULIO CORTÁZAR

A veces pienso que sí,
que aquí lo tengo.
Le doy a luz.
Grita, llora, patalea.
Sale de mí,
brota
crece
madura
envejece
enferma
se cura
recae enfermo
y muere, muy lento.
Va desapareciendo
a algún lugar sin nombre
y cesa...

Renace solo, entre dos, en compañía.
Lo nutre uno,
mientras otro lo envenena.
Muere por un lado
mientras por el otro
florece.
Hasta que ambos
se cansan y lo abandonan.

Esa planta,
la flor, eso que llaman amor,
se divide
y multiplica
cambia su efecto
en los sentidos
y cambia de nombre.

Esto que tengo aquí
ya no es igual...

Rayuela

Trato de no mirar hacia abajo,
no quiero perder el balance (¿o sí?).
Imagino todo el bullicio
que ocurre "de otros lados":
calles, autos, gente, ¿mirando?

Es preciso no mirar atrás,
No quiero ver cuán lejos estoy
"del lado de acá".
Estoy, quizás, en el mismo medio,
pero tal vez estoy
más cerca del cruce
del límite
de esa casilla que se abrirá
como espejo que invita
a pasar más allá
de mi reflejo.

Antes de dar el salto
es necesario calcular cuánto
me falta para llegar
"del lado de allá".

En el momento que
me impulso
me tiembla el pie.
Es imprescindible

mirar un punto fijo.
El hueco en el asfalto
me guiña,
siento un fuego incurable
y nace la palabra.

BÚSQUEDA

¿Encontraría a la Maga?
JULIO CORTÁZAR

¿Por qué desapareces así
sin rastro?
Magia de un vaivén
que me sorprende hechizada.
¿Cuándo podré romper este conjuro?
Suponer si quiero liberarme.
Si tanto me place,
tenerte y no tenerte
o si prefiero buscarte
sin saber si te hallaré.

SAPIENCIA

Tú sabes que yo sé
que tu nombre
resuena en mí
como eco sonoro.
Sé que en tus ojos
habitan las lejanas historias
de tu pasado con el mío.
Y que aún en nuestras semejanzas
no se habían cruzado.
Sé que mi lenguaje múltiple
acaricia tus pensamientos
cuando estás lejos
y aún me ves en tus pupilas.
Sé que cuando tu piel
y mi piel se inclinan
reconocen en sus tonalidades
sus savias en néctares nuevos.
Sé que desde lejos
en tu voz
se hará mi nombre
aunque no quieras...

Vacío

Me vacío hacia adentro,
quedo intacta allí,
mis límites son anestesia...
Para qué molestarme con algo
que sostiene y concreta...
Prefiero límites que abismos...
prefiero abrazos
a ausencias amplias
a expansiones desérticas, silenciosas...
Vacíos no,
llanos de materia cósmica
mapas y continentes...
Esencias líquidas,
todo cuanto pueda llenar los orificios,
para alejar al vacío...

Te llamo y vienes.
Me traiciono
con tu cuerpo.

Unidad

Me divorcio
del cuerpo
y su falsedad,
su intervención consoladora.
La unidad está
en no tenerla.

Moxibustión

Cuando salí a buscarme
y no te encontré en ninguna parte
supe que ya no somos los mismos.

MAYDA COLÓN

Me quité los alfileres uno a uno.

Eran tantos que erguí una escultura.
Me dieron arte,
aunque sangrara.
Sus destellos daban luz
a lo que ya
no hiere
ni arde.

Con el último
me hinqué un dedo,
para cerrar el verso
al ciclo de atardeceres.

```
E
l       d
        o       f
        l       u       u
        o       e       n       a
        r                       l
                                i
                                v
                                i
                                o
```

ÍNDICE